शुक्र तारा

संध्या से भोर तक...

मेरी प्रेम कहानी||

भानुमति

शुक्र तारा | भानुमति

इस पुस्तक में लिखे गए सभी विचार, भावनाएँ और अनुभव लेखक के निजी हैं। यह कहानी, इसके शब्द और इसके एहसास उसी आसमान के नीचे जन्मे हैं, जहाँ कभी चाँद और शुक्र तारा साथ दिखाई दिया करते थे।

हर उस दिल के लिए, जिसने कभी चुपचाप प्रेम किया हो... और हर उस आत्मा के लिए, जिसने किसी को खोकर भी आसमान देखना नहीं छोड़ा।

शुक्र तारा और कुछ अधूरी यादों के साथ...
-- भानुमति 🩶

समर्पण

"

उन चार महीनों की
सात मुलाकातों को...
और
उस शुक्र तारा के नाम,
जो मेरी कविताओं में
'आप' से ज़्यादा 'तुम' रहे,
पर हक़ीक़त में 'आप'
कभी 'तुम' बने ही नहीं...

"

आभार

मैं अपने माता-पिता और मित्रों की हृदय से आभारी हूँ,
जिनके स्नेह, विश्वास और साथ ने
मुझे अपने विचारों को शब्दों में
ढालने का साहस दिया।

उन सभी एहसासों का भी आभार,
जो कभी जिए नहीं गए,
पर दिल में गहराई से महसूस हुए
और इन पन्नों तक पहुँचे।

"शुक्र तारा" मेरे लिए एक प्रतीक है -
उन अनकही बातों का,
जो कहीं तो नहीं गई,
पर हमेशा महसूस की गई।

और अंत में,
आपका भी धन्यवाद,
जो इन शब्दों को पढ़ने और
समझने के लिए यहाँ तक आए।।

प्रस्तावना

कुछ कहानियाँ सबको बतानी नहीं होती,
उन्हें संभालकर, एक खजाने की तरह रखना पड़ता है।।

"शुक्र तारा" मेरे लिए सिर्फ एक तारा नहीं,
बल्कि एक ऐसा हमराज़ है
जिसने हर अनकही बात को चुपचाप सुना है।।

ये किताब उन लम्हों का संग्रह है
जो शायद कभी सच में हुए नहीं,
पर दिल ने उन्हें पूरी सच्चाई से महसूस किया।
कुछ बातें, जो होंठों तक आई, और वहीं ठहर गई।।

कभी ये कविताएँ सवाल बनकर उभरी,
तो कभी जवाब बनकर ठहर गई।
कभी किसी की याद में,
तो कभी सिर्फ अपने ही ख़्यालों में।

अगर इन पन्नों में आपको
अपने किसी एहसास की झलक मिले,
तो शागद गे वही तारा है
जो हम दोनों के आसमान में एक-सा चमकता है।।

अनुक्रमणिका

अध्याय 1:

शुक्र तारा - साँझ का तारा

(द ईवनिंग स्टार)

हाँ, मेरी भी एक प्रेम कहानी थी। एक ऐसी कहानी, जिसे शायद मैं खुद भी नहीं पहचान पाई थी... तब तक, जब तक वो पल मेरे अंदर कहीं चुपचाप ठहर नहीं गया।

वो दिन थे जब मैंने एक कंपनी में काम शुरू ही किया था। लंबे क्वारंटीन के बाद, जब बाहर की दुनिया से मेरा रिश्ता जैसे टूट-सा गया था– बस मैं थी, मेरा कमरा, और मेरी चुप्पियाँ। उसी बीच, एक लंच मीटिंग में, मेरी उनसे मुलाक़ात हुई... आमने-सामने।

उन्हे मैं जानती ज़रूर थी, पर सिर्फ़ पेशेवर तौर पर– एक नाम, एक चेहरा, बस इतना ही। पर कहानी तो शायद वहीं से शुरू होनी थी, जहाँ मुझे महसूस हुआ कि यह मुलाक़ात सिर्फ़ एक मीटिंग नहीं है।

उनका नाम था– “शुक्र तारा।” क्यों यह नाम? यह राज़ आगे कहानी में खुलेगा... क्योंकि कुछ नाम और कुछ एहसास, धीरे-धीरे ही समझ आते हैं।

हमने एक कॉमन जगह पर लंच प्लान किया था। वह लगभग पंद्रह मिनट देर से आए, और मैं रेस्टोरेंट के बाहर उनका इंतज़ार करती रही। अजीब बात यह थी– मुझे गुस्सा बिल्कुल नहीं आया। शायद इसलिए कि मेरा दिल पहली

बार किसी का इंतज़ार कर रहा था... या फिर इसलिए कि वह सच में मैनेजर के साथ अटक गए हों। कौन जाने।

उस दिन मैं थोड़ी अलग थी– शायद असामान्य रूप से ज़्यादा बोल रही थी। किसी ने इतने समय बाद मुझे दिल से सुना था, तो मैं जैसे खुद को रोक ही नहीं पाई। मैं बोलती गई... और वह सुनते रहे। कभी-कभी बस एक सुनने वाला ही काफी होता है, जो आपकी चुप्पियों में भी अर्थ ढूँढ ले। और उन्होंने ढूँढ लिया– शुक्र है (थैंक गॉड!!) ।

लंच के बाद वह मुझे ऑफिस तक छोड़ने आए। जाते-जाते उन्होंने मेरे सिर पर हल्के से हाथ रखा और कहा– "चलो... बाय। टेक केयर।"

बस कुछ सेकंड... लेकिन उन्हीं कुछ सेकंडों में जैसे कोई अनजानी गरमाहट दिल पर रख दी गई हो। वह एहसास– न शब्दों में बंधा, न पूरी तरह समझ आया– पर कहीं गहराई में उतर गया।

शायद... हाँ, शायद उसी पल से प्यार की शुरुआत हो गई थी।

और यहीं से, मेरी प्रेम कहानी सच में शुरू होती है।

***

पता नहीं क्यों, लेकिन उस पल को दिल में सहेजकर रखने का मन हुआ। धीरे-धीरे उनकी मौजूदगी अच्छी लगने लगी, उनका साथ अच्छा लगने लगा... और शायद उसी चाहत में मेरा दिल अनजाने ही उनसे जुड़ता चला गया।

#1
सर पर हाथ

ना परेशानियाँ कहूँगी,
ना फरमाईशें रखूँगी।
ना मांगुगी तुम्हारा हर दम साथ।
सब मिल जाएगा,
सब सुलझ जाएगा,
तुम बस रखना मेरे सर पर हाथ।।
ना तुम्हें सुनने को कहूँगी,
ना तुम्हें सुनाने को कहूँगी।
ना कहूंगी की ला दो जमीन पर चांद।
आँखों ही आँखों बातें होगी
तारों से भरी बातें होगी,
तुम बस रखना मेरे सर पर अपना हाथ॥

***

फिर बातें बढ़ीं और मुलाक़ातें भी होने लगीं। पता नहीं क्यों, लेकिन जितना मैं उन्हें जानती गई और उनके साथ वक़्त बिताती गई, उतनी ही एक अज़ीब-सी शांति मुझे घेरने लगी। उनकी मौजूदगी में दिल जैसे ठहर-सा जाता था, मानो दुनिया कुछ देर के लिए धीमी पड़ गई हो। और तभी पहली बार महसूस हुआ कि कुछ एहसास कहे नहीं जाते- बस चुपचाप शब्दों में उतर आते हैं।

और शायद उसी एहसास में मैंने लिखा था कि...

#2
सिर्फ तुम ठहरे नजर आते हो

पता है!!
इस भागती-सी दुनिया में
सिर्फ तुम मुझे ठहरे नजर आते हो।

जब सब पास होते हैं,
या यह बेचैन रात होती है,
मुझे सिर्फ तुम ही नज़र आते हो।।

जब भी कोई अच्छी बात होती है,

मन थोड़ा-सा भी परेशान होता है,
तब मुझे सिर्फ तुम ही याद आते हो।।

बारिश भीगोकर चली जाती है,
सूरज पिघलकर छुप जाता है,
चांद भी नजर आए - ना आए,
पर शुक्र तारा मेरा,
आसमां में नज़र आता है।।

शुक्र तारा कहूँ तुम्हें,
तो क्या गलत कहूँ मैं।
फिर वही आधे ज्ञान की
शायद आदी जो हूँ मैं।।

और देखो ना,
तुम भी अंजान हो कि
इस भागती दुनिया में मुझे,
सिर्फ तुम ठहरे नजर आते हो।
मुझे कैसे सिर्फ तुम ठहरे नजर आते हो।।

***

एक शाम, जब आसमान बिल्कुल साफ था, मैंने चाँद को देखा और उसके बिलकुल पास चमकता हुआ, शुक्र तारा भी।

तभी उन्होंने मुस्कुराकर कहा, *"ये शुक्र तारा भी मेरी तरह... तुमसे मिलने बहुत दूर से आया है।"*

पता नहीं क्यों, उस पल दिल जैसे एकदम ठहर-सा गया। चाँद, आसमान, वो शाम और उनका वो एक वाक्य- सब एक साथ मन में कहीं गहराई से बस गए।

और शायद उसी क्षण, मैंने उन्हें अपने दिल में **"मेरा शुक्र तारा"** बना लिया।

#3

मेरा शुक्र तारा

वह जो मेरा तारा है ना,
सुंदरता से कहीं अधिक है।
देखोगे गौर से तब प्रतीत होगा कि
वे आत्मा से लिखा प्रेम पत्र सा है।

एक अज्ञात स्थान से,

एक अज्ञात नाम से,
मानो खूबसूरत स्वपन सा है।

कितनी गहरी बातें,
आश्चर्य से भरी,
प्रत्यक्ष मन को लगे,
किसी भी आकार से परे।

यह जो मेरा तारा है ना,
सुंदरता से कही अधिक है।।

***

फिर धीरे-धीरे राज़ भी खुलने लगे- शायद ज़्यादातर मेरी ही तरफ़ से। उनका दिल अभी पूरी तरह मेरी ओर आया नहीं था, या शायद मैं ही कुछ ज़्यादा जल्दी महसूस करने लगी थी। मैं इतनी भोली थी कि पल भर में मान बैठी कि मैं सच में प्रेम में डूब चुकी हूँ। अपने ही भीतर एक छोटी-सी दुनिया बना ली थी, जहाँ मैं एक शहज़ादी थी... और वह, मेरे अपने शहज़ादे।

शायद प्यार की शुरुआत कुछ ऐसी ही होती है–

जहाँ सच से पहले कल्पनाएँ दिल में घर बना लेती हैं।।

#4

एक राज

चलो आपको भी एक राज बताते हैं
कैसे चांद को छोड़, हम उन्हें तारों में पाते हैं।।

वो शख्सियत ही ऐसी है
कि उन्हें हम अपने सारे राज बताते हैं।
हम उन्हें थोड़ा-सा ही,
पर वो हमें खूब सताते है।
चलो आपको भी एक राज बताते हैं,

कैसे चांद को छोड़, हम उन्हें तारों में पाते हैं।।

प्यारी प्यारी बातों में उलझाकर
खुद ही मुस्कुराते हैं।
अगर मैं बनु राजकुमारी तो वो
साधारण को भी राजकुमार बनाते हैं।।
चलो आपको भी एक राज बताते हैं,
कैसे चांद को छोड़, हम उन्हें तारों में पाते हैं।।

हम भी आजकल अकेले में खूब मुस्कुराते हैं।
उन पर भी हल्का-सा, अपना हक जताते हैं।
ना दिखे शुक्र तारा एक सांझ
तो सब्र रखने का वादा निभाते हैं।
चलो आपको भी एक राज बताते हैं,
कैसे चांद को छोड़, हम उन्हें तारों में पाते हैं।।

***

फिर एक दिन हम शॉपिंग पर गए। चारों तरफ़ भीड़ थी, लोगों का शोर था, हर तरफ़ हलचल थी– पर उसी शोर के बीच उन्होंने पहली बार मेरा हाथ थाम लिया!!

बात बहुत छोटी-सी थी, लेकिन उस पल मेरे भीतर जैसे कुछ गहराई से बदल गया। एक क्षण के लिए लगा मानो दुनिया रुक गई हो, और मेरे लिए बस वही एक स्पर्श रह गया हो।

उनके हाथ की वह गरमाहट दिल की धड़कनों को जैसे एक नई दिशा दे गई- एक ऐसा एहसास, जिसे शब्दों में पूरी तरह कहना मुश्किल है, बस महसूस किया जा सकता है-

बहुत भीतर तक।

#5

थामा हाथ मेरा...

जब बाज़ार में
तुमने थामा था हाथ मेरा,
मन किया मेरा कि
थाम लू मैं भी उन्हें हंसके।।

पर फ़िर मस्तिष्क ने

आँखों से प्रेम का पर्दा हटाया,
स्वप्नों से सत्यता का
सफ़र कुछ पलों में करवाया।।

वाद-विवाद भी ऐसा
कि थामू में तुम्हें कैसे भला,
जब रहस्यों से भरा
हृदय ना मुझे कभी तुमने दिखाया।।

बाज़ार में जब
तुमने थामा था हाथ मेरा,
मन किया मेरा कि
थाम लूँ मैं भी उन्हें कसके।।

***

पर फिर भी, शायद लोग सही कहते हैं, प्रेम थोड़ा-सा अंधा होता ही है। मैंने उन्हें पूरा वक़्त दिया, यह सोचकर कि शायद धीरे-धीरे उनका दिल भी मेरी ओर मुड़ आएगा। लेकिन इसी इंतज़ार में, मैं अनजाने ही उन पर निर्भर होने लगी। छोटी-छोटी बातों में, अपने हर चुनाव में, हर निर्णय से पहले उनकी राय ज़रूरी लगने लगी।

ऐसा महसूस होने लगा मानो मेरी अपनी सोच भी उनकी मौजूदगी पर टिक गई हो। धीरे-धीरे मैंने अपने दिन, अपनी आदतें, यहाँ तक कि अपनी ज़रूरतों को भी उनके हिसाब से ढालना शुरू कर दिया।

और मुझे पता ही नहीं चला कि कब मैं अपनी जगह छोड़कर, उनकी दुनिया में अपने लिए एक जगह ढूँढने लगी।

#6
उन पर निर्भरता

"मैं एक स्वतंत्र व्यक्ति थी",
तुमसे मिलने से पहले।
लेकिन अब तुमसे एक
निर्भरता- सी बन गई है ।।

खासकर छोटी छोटी चीजों के लिए।
जैसे कि लम्बे इंतजार करना,
दिन की सारी बातें कहना,
छोटे मोटे हर मुद्दे पर
तुम्हारी एक राय लेना।।

अच्छा लगता है-
तुमसे हर निर्णय से पहले
सलह मशवरा करना,
जो जानती हूँ कि कैसे करना है।
लेकिन फिर भी "तुम्हारी एक हाँ"
पर निर्भरता - सी बन गई है।।

जानबूझकर नहीं करती मैं,
अच्छा लगता है
जब कोई आपकी परवाह करे,
नोटिस करे, ध्यान दे।

आखिरकार, अपने आप पर
बहुत कठिन होने के बाद,
आपके पास असुरक्षित
होने के लिए कोई है।

कोई है जिसके समक्ष,
नरम हो सकू।
लापरवाह बन सकू।
दिल से स्वतंत्र हो सकू।
जो अबतक नहीं किया
वो सबकुछ कर सकू।

क्योंकि लंबे समय से
मैं एक स्वतंत्र व्यक्ति थी।।
लेकिन अब तुमसे एक
निर्भरता-सी बन गई है।।

***

अध्याय 2:
रूठा व नाराज़ तारा

एक बार मेरी एक छोटी-सी बात पर वह इतने नाराज़ हो गए कि मैं सचमुच डर गई। उस पल पहली बार महसूस हुआ कि जिसे अभी ठीक से पाया भी नहीं, उसे खो देने का डर कितना गहरा हो सकता है। शायद प्यार में अपनापन जितना गहरा होता है, डर भी उतना ही।

#7

अनुत्तरित सवाल

हज़ारों सवाल हैं तुमसे,
आकुल हृदय भी हैं मेरा।
पर तुम्हारे अपशब्दों से ज्यादा
अच्छा है उनका अनुत्तरित ही रहना।।

हज़ारों कारण हैं तुमसे, और
नाराज़गी जताना हक है मेरा।
पर तुम्हारे क्रोध से ज्यादा
अच्छा हैं हमारा मौन रहना।।

वो हज़ार सवाल मेरे,
वो हज़ार कारण तुम्हारे।।

***

और अपनी उस छोटी-सी भूल की भरपाई करने के लिए मुझे न जाने कितनी "सॉरी" कहनी पड़ी, कितने ही मनाने के तरीक़े ढूँढने पड़े। हर दिन यही कोशिश करती रही कि उनकी नाराज़गी पिघल जाए और वह फिर से पहले जैसे नज़र आएँ।

करीबन एक हफ़्ते बाद हम दोनों के बीच सब ठीक हुआ। साँसों में एक हल्की-सी राहत लौटी, और दिल ने फिर से उनकी ओर खुलना शुरू किया। तब कहीं मन ने सोचा– क्या मैंने कभी कल्पना की थी कि मैं उनसे इतनी गहराई से प्यार करने लगूँगी?

#8
प्यार के मायने

मेरी नॉन-स्टॉप बातें सुनते जाना,
उनका बड़े होशियारी से बात घुमाना,
काफी देर बाद मुझे समझ आना,
आँखें छुपाकर फिर मेरा शर्माना।
जैसे उनसे मिलने के बाद मेरे
प्यार के मायने बदल से गए हैं।।

बिना चेतावनी के अपने सपनों में बुलाना,

मेरे बचकाने व बेतुके नखरे उठाना,
चेहरे पर मेरे यूँ अदाएँ बिठाना,
मिल आई हूँ उनसे यह स्पष्ट दिख जाना।
जैसे उनसे मिलने के बाद मेरे
प्यार के मायने बदल से गए हैं।।

उनका मेरे चेहरे से झुलफे हटाना,
दर्पन जैसी नज़रों से पूर प्रेम जताना,
बाहों में समा अस्थिरताओं का पिघल जाना,
अधरों के सोहार्द से नीरव हो जाना।
जैसे उनसे मिलने के बाद मेरे
प्यार के मायने बदल से गए हैं।।

उनसे मिलकर मानो असीम विनम्रता पा जाना,
आत्ममुग्ध व्यत्तित्व में एकाएक तबदीलियाँ पाना।
अनजाने जाने उनका ही बार बार जिक्र फरमाना,
अनायास ही उनके शब्दों का घर कर जाना।
जैसे उनसे मिलने के बाद मेरे
प्यार के मायने बदल से गए थे।।

***

और गुस्सा सिर्फ़ उन्हें ही क्यों आता... एक दिन मुझे भी उन पर सच में बहुत गुस्सा आया। पर मेरे गुस्से का उन्होंने बस इतना-सा जवाब दिया–

"आई डोंट वॉन्ट टू फाइट विद यू, व्हेन आई ऑलरेडी हैव अ लॉट टू फाइट विद आउटसाइड।" (मैं तुमसे लड़ना नहीं चाहता, जब बाहर की दुनिया में पहले से ही बहुत-सी लड़ाइयाँ लड़ रहा हूँ।)

उनका यह एक वाक्य मेरे मन को कहीं गहरे छू गया, जैसे किसी ने अचानक आईना सामने रख दिया हो।

तभी समझ आया कि मेरा गुस्सा असल में गुस्सा था ही नहीं... वह तो बस उनकी थोड़ी-सी अटेंशन चाहने का तरीका था–थोड़ा-सा देखा जाना, सुना जाना, महसूस किया जाना। और उसी दिन मैंने पहली बार खुद से माना कि

मेरे सारे शिकवे, सारे नखरे और सारी तकरारें... दरअसल उसी एक दिल की ओर भागती छोटी-छोटी पुकारें थीं।

बस...

#9

सबसे किमती

तुम कब जानोगे कि
सब पर गुस्सा नहीं निकलता मेरा, क्यों
बेबाक शिकायतें सिर्फ तुमसे ही करना मेरा।
काल्पनिक कहानियां भी तुमको ही सुनाना,
पर वास्तविकताओं में तो सिर्फ तुम्हारी सुनना।।

अकेले तो डरते कदम मेरे
तुम साथ तो मुस्कुराते गगन मेरे।
और माना समझदार भी मैं,
तेरे लिए होशियार भी मैं,
पर तुम्हारे अलावा सबसे अनजान भी मैं।।

लेकिन,
यह तुम कभी ना जानोगे कि
अपनों से भी कितने अपने हो तुम।
सिर्फ प्रेम नहीं,
उससे परे हो तुम।
सबसे किमती,
सबसे खरे हो तुम।।

***

और हुआ भी यूँ ही... मैं थोड़ी-सी क्या रूठी, उल्टा वह ही नाराज़ होकर चुप बैठ गए। आख़िर में हमेशा की तरह मुझे ही उन्हें मनाने जाना पड़ा। उनकी चुप्पी और अहं के आगे मेरी छोटी-सी नाराज़गी हर बार हार जाती थी। तब बस यही सोचती रह जाती–ये प्यार था, या ऐसा रिश्ता जहाँ हर बार झुकना सिर्फ़ मुझे ही पड़ता था।

#10

लड़ती हुई सुंदर

तुमने ही तो कहा था ना कि
मैं "लड़ती हुई सुंदर" लगती हूँ।
फिर अब जब मैं लड़ पड़ी
एक गलतफेमी पर तो
मुझसे ज्यादा तुम क्यों सुंदर लग रहे हो!!

नखरे दिखाना, बेमतलब बहाने बनाना,
हर बात पर फिर मुँह फुलाना
यह मेरे काम थे ना।
तो फिर अब मेरे प्रतिद्वंदी बन
मुझसे ज्यादा तुम क्यों सुंदर लग रहे हो!!

***

और जब प्यार में छोटी-बड़ी लड़ाइयाँ होने लगती हैं, तो दिल के भीतर सवाल भी चुपके से सिर उठाने लगते हैं- ख़ासकर तब, जब मैं खुद एक *ओवरथिंकिंगर* हूँ, हर बात को दिल से जोड़ लेने वाली।

उसी बेचैनी में कई रातों को मन ने बस धीरे से यही पूछा– *"ठहर जाओगे ना?"*

#11

ठहर जाओगे ना?

सारी उम्र हाथ थामें
साथ चल पाओगे क्या?
कदम से कदम मिलाते
आगे बढ़ पाओगे क्या?

माना, मेरे कदम छोटे
और तुम्हारे बड़े होंगे।
कभी तुम दौड़ोगे
कभी मैं आगे भागूंगी।।
कभी तुम बहुत तेज
कभी में थीमे।

कभी तुम संग खीचों मूझे,
कभी मेरे संग खींचे चलना||

जैसे ही ज्यादा फ़ासले बढे
मेरे लिए ठहर जाओगे ना।।
फिर, कदम से कदम मिलाते
आगे बढ़ पाओगे ना!?
सारी उम्र हाथ थामें
साथ चल पाओगे ना।।

***

अध्याय 3:
बदलता शुक्र तारा
(द शिफ्टिंग स्टार)

फिर कुछ दिन सब बिल्कुल ठीक चल रहा था, जैसे मंज़िल और रास्ते दोनों ही एक ही दिशा में मुस्कुरा रहे हों। लेकिन कहते हैं न, जब सब कुछ बहुत सही लगने लगे, तो समझ लेना चाहिए कि कोई तूफ़ान चुपचाप पास आ रहा है।

मेरी कहानी में भी वही हुआ। उन्हें उस शहर लौटना था, जहाँ से वह आए थे। और तभी मुझे याद आया कि यह बात तो मुझे पहले दिन से ही पता थी कि वह इस शहर में बस कुछ दिनों के लिए ही हैं। पर क्या पता था कि वही "कुछ दिन" धीरे-धीरे "कुछ महीनों" में बदल जाएँगे, और उन्हीं महीनों के बीच मेरे दिल की गिनती कहीं उलझ जाएगी।

तभी मन में एक· डर-सा उठने लगा। लोगों को हमेशा कहते सुना था कि *लॉन्ग डिस्टेंस रिलेशनशिप* अक्सर टिक नहीं पाते... और शायद पहली बार मन ने खुद से पूछा–

"क्या वह सच में सिर्फ़ कुछ पन्नों की कहानी थे? "

#12

कुछ पन्नों की कहानी

इस शहर में यूँ ही मिलना,
अकस्मात तो नहीं था।

नहीं था कोई चमत्कार,
मिलना इस पूर्ण-अपूर्ण दिल का।
फिर क्यों सिर्फ़ कुछ पन्नों
की कहानी थे तुम।।

इस प्रशिक्षित-से दिल का
अशिक्षित-सा भटकना।
महज़ एक विफलता का
नहीं था कोई बहाना।
फिर क्यों सिर्फ़ कुछ पन्नों
की कहानी थे तुम।।

बड़ी सहजता से संरक्षित
इस दिल के कपाट खुलना।
'खुल जा सिम-सिम' वाली
मेरी नहीं थी कोई कल्पना।
फिर क्यों सिर्फ़ कुछ पन्नों
की कहानी थे तुम।।

***

और जब थोड़ा ठहरकर मैंने खुद से सच-सच बात की, तो मन ने बहुत धीरे से एक सवाल पूछा। मुझे तो पहले दिन से ही पता था कि वह इस शहर में बस कुछ दिनों के एक अस्थायी प्रवासी हैं, फिर भी न जाने कब और कैसे मेरा दिल इस कदर उनसे जुड़ता चला गया।

समझ ही नहीं आया कि इतनी सीमित-सी मुलाक़ात ने मेरे भीतर इतना गहरा स्थान कब बना लिया।

#13

अस्थायी प्रवास

उनके अस्थायी प्रवास को,
स्थायी मान बैठी थी।
उनकी मिठी-मिठी बातों को,
आसक्ति जान बैठी थी।
हजारों चेतावनियों के बाद भी
यह मन हार बैठी थी।।

एक रोज़ उन्हें खोना तो था ही,

तो जबतक साथ थे,
कई स्मृतियों को दिल में उतार बैठी थी।।
जहां तक वजूद था मेरा,
उससे कही ज़्यादा दूर तक दौड़ बैठी थी।।

मगर अब उस अलविदा के बाद से
उस अंतरण के साथ ही,
मैं अपने आप से सन्धि कर बैठी थी।

हां । भूल से, चाह में,
उनके अस्थायी प्रवास को
स्थायी मान बैठी थी।
उनकी मनभावन बातों को,
आसक्ति जान बैठी थी।।

***

और आख़िरकार वो आख़िरी मुलाक़ात भी आ ही गई। कहने को कुछ भी नहीं था, न कोई शिकायत, न कोई सवाल, बस दो चुप्पियाँ थीं जो अपने भीतर पूरा एक संवाद समेटे हुए थीं। आँखें हल्की-सी नम हुईं, पर मैंने उन्हें उनके सामने आने नहीं दिया। दिल भीतर ही भीतर टूटता रहा, पर चेहरा फिर भी शांत रहा।

मैं तो उस पल की बात लगभग भूल ही गई थी, पर वह नहीं भूले थे। उन्हें याद थी मेरी वो छोटी-सी आख़िरी ख्वाहिश कि जाते-जाते, ठीक उसी तरह जैसे हमारी पहली मुलाक़ात में, वह मेरे सिर पर हाथ रखें। और जब उन्होंने वो आख़िरी बार किया, तो लगा जैसे समय उसी एक स्पर्श में कुछ पलों के लिए ठहर गया हो।

वो एक सहज-सा *गेस्चर* नहीं था-

वो मेरे दिल के लिए

एक *क्लोजर*,

एक *बलेसिंग*,

एक विदाई

सब कुछ बन गया।

और उसी स्पर्श में मेरी पूरी कहानी चुपचाप सिमट गई।

#14
आखिरी दफा

संग भी वही था,
दोनों का रंग भी वहीं था।
वही मेरी ना खत्म होने वाली बातें,
आधी या पूरी सब वो सुनते जाते।

बड़ी होशियारी से कभी कभी बाते घुमाते,
मेरी शिकायतों पर संग मुँह बनाते।
पहली दफा हम मिले मुस्कुराते,
आखिरी दफा भी हम मिले मुस्कुराते||

इस बार भुमिकाएं बदली थी,
उन्हें लौटने की जल्दी थी।
फिर भी इस बार इंतजार हमने करवाया,
पहेली मुलाकात जैसा इतिहास दोहराया।
उनको उनके गंतव्य तक पहुँचाना,
मात्र थोड़े-से साथ का था एक बहाना।

थोड़ी-सी धूप थोड़ी-सी थी दूरी,
फिर भी कई दिन की बातें हुई थी पूरी।

ऐसे ही पहली दफा हम मिले मुस्कुराते,
थे आखिरी दफा भी हम मिले मुस्कुराते।।

आदातेनुसार वही सर पर उनका हाथ रखना,
एक पल को पाकर मानो फिर खोने लगना।
अलविदा कहकर उनका लौट जाना,
उनका 'हमारा उपहार' भी उधार छोड़ जाना।

बढ़ते कदमों संग पलट कर कई दफा हमने देखा,
आँखों के बांध को रखा उनसे अनदेखा।
जैसे पहली दफा हम मिले मुस्कुराते,
वैसे ही आखिरी दफा भी मिले थे मुस्कुराते।।

***

अध्याय 4:
शुक्र तारा- भोर का तारा
(द मॉर्निंग स्टार)

और फिर वह शहर पहुँचकर कॉल तो करते रहे, पर धीरे-धीरे सब कम होता गया। हर बार वही- “बिज़ी हूँ... बिज़ी हूँ...”

और ऐसे ही वक़्त हमारे बीच अनकही दूरियाँ बनाता चला गया।

पहले जो बातें घंटों चला करती थीं, अब कुछ मिनटों में सिमटने लगीं। और मैं हर बार वही पुराना इंतज़ार करती रह गई कि शायद आज बातचीत पहले जैसी हो जाए... लेकिन हर दिन बस थोड़ा और ख़ामोश होता गया।

#15

व्यस्त का बहाना

हाय- हेलो को भी मानो ज़माना हुआ,
सबके लिए वक़्त, और मेरे लिए
"हूँ व्यस्त" का बहाना हुआ||

चलो व्यस्त ही सही,
पर एक वजह तो हो
तुम्हारा इंतज़ार करने की।

पर यह बेखबरी का क्या
यह नजर-अंदाजी का क्या,
समय ना मिल पाने का क्या,
भला यह भी कोई बहाना हुआ!!

हाय- हेलौ को भी ज़माना हुआ,
सबके लिए वक़्त और मेरे लिए
"हूँ व्यस्त" का बहाना हुआ।।

***

और ऐसा भी नहीं था कि मैंने कोशिश नहीं की... मैंने इंतज़ार किया, समझा भी और कई रातें सिर्फ़ उनके एक "कॉल" के इंतज़ार में जागकर भी काट दीं। पर हर बार वही एक-सा जवाब -

"कल बात करते हैं..."

धीरे-धीरे मैं उस इंतज़ार को भी आदत मानने लगी, और शायद वही आदत सबसे ख़ामोश दूरी बनती चली गई।

#16

तुम्हारा कल

"कुछ नहीं, कल बात करते हैं"
यही थे ना तुम्हारे शब्द अंतिम बार।
और ना जाने क्यों, मैं पागल
करती रही कल तक का इंतजार||

कल भी किया था
आज भी किया है,
और जानते हुए भी कि-
तुमने सिर्फ यूँ ही कहा था,
"कुछ नहीं, कल बात करते हैं"

मानो वो वाक्य आज ही का हो
कैसे इतने ताजा लगते हैं।

फिर भी, ना जाने क्यों?
मैं पागल!
बेतुके बहाने लेकर,
मासुम से इरादे लेकर,
कर रही हूँ फिर कल का इंतजार।

आज फिर,
कर रही हूँ, तेरे "कल" का इंतजार॥

***

उस 'कल' ने कभी 'आज' बनकर जवाब ही नहीं दिया।।

एक लड़की होने के नाते, मेरी कोई खास माँगें थीं ही नहीं... मुझे हमेशा से बस थोड़ा-सा समय चाहिए था, थोड़ा-सा ध्यान।

बाकी मैं अपने पैरों पर खड़ी, एक स्वतंत्र लड़की थी, जिसने खुद को संभालना भी सीखा था और खुद के लिए जीना भी।

पर प्यार में... इंसान बस इतना ही चाहता है ना कि

कोई उसे थोड़ा-सा वक़्त दे,

और कभी-कभी बस पूछ ले–

"तुम ठीक हो ना?"

#17

छोटी-सी मांग

ना झूमके,
ना महंगे तोहफे,
ना कपड़ों की ख्वाहिश,
ना महंगे जूते।

ना हीरों से जड़ी कोई अंगूठी,
ना वह कार जो मुझे भायी थी।

ना गुलाबों का गुलदस्ता,
ना मेरे ख्वाबों का रास्ता।
मांगा भी तो बस क्या,
"तुम्हारा थोड़ा सा वक्त" था।।

अगर होता मंजुर तुम्हें,
तो संग तुम्हारे कुछ शाम थीं।
तुम्हारी शीर्ष प्राथमिकता के आगे,
मेरी क्या ही कोई औकात थी।।

***

भले ही एक वक़्त के बाद मैंने भी अपनी तरफ़ से संपर्क पूरी तरह बंद कर दिया, और अब हम बिल्कुल टच में नहीं हैं... फिर भी सच कहूँ तो कहीं न कहीं इंतज़ार आज भी है। प्यार आज भी किसी कोने में चुपचाप टिका हुआ है, और उनकी परवाह भी आज तक बनी हुई है।

उनकी *लास्ट सीन* देखने की वजह भी शायद वही है- बस यह जानने की चाह कि वह ठीक हों। क्योंकि जब वह ठीक होते हैं, तो मेरा दिल भी कुछ पलों के लिए बेफ़िक्र हो जाता है।

#18
लास्ट सीन

जब तब तुम्हारा "लास्ट सीन" देखती हूँ,
और ठीक उसी क्षण तुम्हें ऑनलाइन पाना,
मानो यूँ लगता है जैसे कि नज़रें मिली हों,
और दिल की चोरी रंगे हाथों पकड़ी गई हो।।
फिर वही दिल में अनजानी हलचल,
एक हल्का सा कंपन,
जो बिन कहे सब कह जाता है।।

आँखें इधर-उधर भटकती हैं,
जैसे सारी दुनिया को देख रही हों,
और उंगलियाँ–बेख़बर ही सही–
अपने-आप ही स्क्रीन बंद
करने की होड़ में लग जाती हो।।

पर असल में तो बस इतना है, कि
ये आँखें तुम्हारी ही तलाश कर रही हैं।
एक अनकहा सुकून महसूस होता है,
मानो तुम्हारी एक झलक मिल गई हो।
ऐसा प्रतीत होता जैसे तुम्हारी
गहरी आँखों में एक शीतलता समा गई हो।।
मानो तुम्हारे सही-सलामत
होने का इशारा मिल गया हो।
और कुछ दिनों के लिए ही सही,
मानो फिर से मिल गया हो
तुम्हारी चिंताओं से मुक्त हुआ
मेरा मन।।

***

अध्याय 5:
ओझल तारा
(द डिसअपीयरिंग स्टार)

लड़कियाँ चाहती हैं कि जिनसे वो प्यार करती हैं, उनकी ज़िंदगी में उनका एक अहम स्थान हो, और कभी-कभी वह आख़िरी स्थान पर भी समझौता कर लेती हैं। पर मैं तो आपकी उस सूची में कहीं थी ही नहीं- न पाँचवीं, न दसवीं, न हज़ारवीं। सूची चाहे जितनी लंबी रही हो, मैं उसमें कभी शामिल नहीं हुई- न तब, न अब, न कभी।

#19
प्रायोरिटी लिस्ट

हर लड़की चाहती हैं
अपने अपनों की लिस्ट में
पहला नाम बनना,
पर मोहब्बत में डूबकर
आख़िरी नंबर पर भी राज़ी हो जाती हैं।

मैं भी मान लेती,
कि तुम्हारी लिस्ट में
मैं पाँचवी हूँ...
या शायद दसवीं...
पर अफ़सोस,
पाँच का आँकड़ा छोटा था,

दस की सूचि भी मेरी
क़ीमत ना आँक सकी।

सोचा सौ लोग होंगे-
पर सौवीं भी मैं नहीं थी।
हज़ार का गिनती सोचा,
फिर भी मेरा नाम ना आया कहीं।
मैंने हर बार अपनी
उम्मीदों का नंबर बढ़ाया,
पर हर बार तेरी लिस्ट में
अपना नाम ग़ैर-हाज़िर ही पाया।

ना पाँच, ना दस, ना सौ, ना हज़ार,
मैं कहीं नहीं थी-
तेरे दिल की उस फेहरिस्त में,
जहाँ मैं हमेशा ख़ुद को ढूँढ़ती रही।
ना तब थी, ना अब हूँ,
ना शायद कभी हो पाऊँगी...
बस एक नाम जो
हर नंबर से बाहर रह गया–
वो बस मैं ही थी।।

***

धीरे-धीरे मुझे ऐसा लगने लगा जैसे ये पूरी कहानी उनकी ही लिखी हुई एक स्क्रिप्ट हो, और मैं बस उसमें एक ख़ामोश दर्शक बनकर रह गई हूँ।

उनके बहाने,
उनका काम,
उनका "कल"
और मेरे हिस्से में कुछ भी नहीं।

#20
दर्शक

मैं सिर्फ एक दर्शक बनकर
रह गई हूँ तुम्हारे अभिनय में,
जहां कहानी भी तुम्हारी है,
रंगमंच भी तुम्हारा है,
कलाकार भी तुम्हारे और
कहानी के पात्र भी तुम्हारे हैं।।

मुझे सिर्फ सराहना है,
वो भी तुम्हारी लिखी हस्तलिपि
का अनुसरण करते हुए।
हाँ, मैच फिक्सिंग की तरह।

रहस्य को उजागर करना चाहूँ
भी तो नहीं कर सकती।
क्योंकि अभिनय तुम्हारा,
और रंगमंच भी तुम्हारा।
मैं तो सिर्फ एक दर्शक से ज्यादा,
तुम्हारी कुछ भी नहीं लगती॥

***

कुछ महीने ऐसे ही बीत गए। मैंने हार मानकर भूलना ही ठीक समझा था, और सच में खुद को धीरे-धीरे उस दिशा में ले भी जा रही थी। तभी एक रात उनका अचानक कॉल आया। आधी नींद में भी उनकी आवाज़ सुनते ही मैं कुछ पल के लिए ठहर गई। फिर वही सफ़ाई और वही माफ़ियाँ...

मैं समझ ही नहीं पाई कि कितना मानूँ, कितना न मानूँ। बस ऐसा लगा जैसे जो सपना मैं छोड़ चुकी थी, वही अचानक आधी रात को वापस दरवाज़ा खटखटा गया हो।

#21

उसका लौटना

यूँ अचानक से लौटकर,
मानो, तुमने सारे तार हिला दिए हो।
उन हज़ारों दबे सवालों को,
फिर से आसमान में बिछा दिए हो॥

जहां तक जवाबों का सवाल है,
पहले भी और अब भी
वहीं तुम्हारे सिलबंद होंठ दे देते हैं।
अब तो उनको भी, तुम्हारे मन में

झांकने की जरूरत नहीं पड़ती।
और मुझे बार बार पुछने की
आवश्यकता नहीं लगती।।

शुरुआत से सब जानती थी मैं
मोहब्बत मेरी सच्ची मानती थी मैं।
पर, उस मध्य काल में
यूं तुम्हारा अचानक लुप्त हो जाना।
उन हजारों सवालों को,
फुसला फुसला कर कही चुपचाप दबाना।
सुनने को भी तो आसान नहीं है ना।।

फिर भी,
यूँ अचानक से लौटकर
मानो तुमने सारे तार दिला दिए हो
उन हजारों दबे सवालों को,
फिर से आसमान में बिछा दिए हो।।

***

एक दिन उन्होंने कहा था कि वह मुझसे मिलने मेरे शहर आएँगे। मैं पूरे दिन उसी उम्मीद में रही, पर आख़िरी पल में हमेशा की तरह उनकी ज़िंदगी में कोई और "ज़्यादा ज़रूरी" बात आ गई।

उस पल धीरे-धीरे समझ में आने लगा कि जब उन्हें आना ही नहीं था, तो फिर ये वादे और ये सपने क्यों दिए गए थे।

उम्मीदें बाँधने की क्या ज़रूरत थी, जब उन्हें निभाने का इरादा कभी था ही नहीं।

#22
दिल दुखाना

आज मिलने आने का वादा था ना,
पुनः टालकर मेरा दिल दुखाना था ना॥

बहाने तो हर बार बनाए गए हैं,
बड़े बड़े काम ही तो गिनाए गए हैं।
माना मैं तुम्हारे लिए बड़ी नहीं,
क्योंकि मेरे पास तुम्हारी जितनी

एक भी ज़िम्मेदारी नहीं।

पर हर बार बड़ों से ज़्यादा
तुमसे दिल लगाया,
खुदको पहले से ज्यादा,
हर बार समझदार बनाया।

और तुम्हारे "आने की खबर" को
मानो एक त्योहार-सा पाया।
पर तुमने एक नई प्राथमिकता को
मेरे प्रेम के आगे पुनः बिछाया।

आज जब पुनः मिलने का वादा था,
पुनः टालकर मेरा दिल दुखाना था।
और पुनः मुझे तोड़ने का इरादा था।।

***

और हाँ... जब उन्होंने फिर एक बार अपना प्लान रद्द किया, तो मुझे गुस्सा तो आया, लेकिन उस गुस्से में भी मैंने कभी कोई अपशब्द नहीं कहा, कभी उन्हें नफ़रत से नहीं देखा। क्योंकि गुस्सा हम अक्सर उन्हीं पर करते हैं, जिनसे सच में प्यार होता है।

मैं मानती हूँ कि प्यार निस्वार्थ होना चाहिए, पर सच कहूँ तो मुझे भी प्यार के बदले थोड़ा-सा प्यार चाहिए था, समझ के बदले थोड़ी-सी समझ। अगर मैं उनकी परिस्थितियों को महसूस कर सकती थी, तो क्या वे मेरे गुस्से के पीछे छिपी मेरी *लॉन्गिंग*– मेरी तड़प और मेरी उम्मीद को नहीं समझ सकते थे?

#23
आख़िर हर बार मैं ही क्यों

हर बार, गलती ना होने पर
भी मैं ही झुक जाती थी,
कान पकड़, सॉरी-सॉरी"
सौ बार जुबां पर रटाती थी।

रोती थी रातों को,

तेरे सूखे से जवाबों पर,
टूटती तन्हा तन्हा,
तेरे हर रोज़ के सवालों पर।

मैं भी थक गई हूँ अब तो
हर बात पे चुप रह जाने से,
तेरे साये में खुद को
हर रोज़ घुट-घुट मिटाने से।

इस बार, गलती मेरी होकर भी–
मैं ना तेरे पीछे आऊँगी।
आख़िर क्यों हर बार मैं ही
खुद को भुला, तुझे मनाऊँगी?

***

आख़िरकार मुझे समझ आ गया कि हम साथ नहीं चल पाएँगे। कितनी ही कोशिश कर लूँ, उनके क़दम हमेशा कहीं और ही बढ़ते रहे। कभी-कभी समझ देर से आती है, लेकिन जब आती है तो दिल बहुत चुप हो जाता है। और उस ख़ामोशी में सब कुछ साफ़ दिखने लगता है।

#24
अब साथ नहीं चल पाओगे

तुम मुझसे कदम से कदम
मिलाकर नहीं चल पाओगे।।

मेरे कदम छोटे,
तुम्हारे बड़े हैं।
तुम्हें ठहरना नहीं आता और
मैं पहले से ही हॉफ रही हूँ।।

तुमने मन भर देख ली है दुनियां,
पर मेरा बहुत कुछ देखना बाकी है।
तुम दोबारा मेरे साथ नहीं ढल पाओगे।
हाँ, तुम मुझसे कदम से कदम
मिलाकर नहीं चल पाओगे।।

मेरी छलांग भी छोटी है।
गिर जाती हूँ अक्सर
ऊँची दीवारों से।
पर तुम मेरे लिए ना हाथ बढ़ाओगे।
हाँ, तुम मुझसे कदम से कदम
मिलाकर नहीं चल पाओगे।।

अब जब तुम रुक नहीं रहे हो,
और मेरी सीमा समाप्त हो रही है।
हम दोनों में एक ना खत्म होने वाला
फासला सा बढ़ता जा रहा है।

क्योंकि मेरे कदम छोटे
और तुम्हारे बड़े हैं।।
जब तुम ठहर नहीं सकते,
तो मैं कितना ही दौड़ु।।

हाँ, अब हम कदम से कदम
मिलाकर नहीं चल पाएंगे।।

***

अध्याय 6:
धुंधलाता शुक्र तारा
(द फेडिंग स्टार)

और फिर वही पुराना चक्र शुरू हो जाता... कभी-कभी उनका अचानक *"कैसी हो?"* आ जाना, और मैं फिर से उसी अधूरे रिश्ते में फँस जाती। न पूरी दूरी, न पूरा अपनापन, बस बीच में अटकी हुई मैं। शायद अब इस चक्र को एक विराम देना ही सही है...

#25

अंजाम

ना इस रिश्ते को कोई
नाम दे पा रहे थे,
ना ही कोई अंजाम।
और जितना सरल
जान पड़ता है,
उतना सरल तो
नहीं है तुम्हे भुलना,
ना ही सरल है स्वीकारना
तुम्हारा मुझे भुलाना।
फिर भी, चलो आज
अंजाम मैं दे देती हूँ।
तुम फुरसत से कभी
इसे नाम दे देना।।

***

गुस्से में रिश्ता तो एक अंजाम तक पहुँचा ही दिया था... लेकिन उस आदत का क्या करूँ, जो हर पल उनकी फ़िक्र में ही लगी रहती थी? रिश्ता खत्म हो गया था पर आदतें अभी भी उसी से जुड़ी हुई थीं। अकेले में उनका ख्याल आ जाना, किसी बात पर या किसी और के व्यवहार में उनका नाम मन में आ जाना, या किसी नई और खूबसूरत जगह पर भी बस उनका चेहरा याद आ जाना... ये सब अब भी दिल के किसी कोने में चुपचाप जिंदा था। दिल ने तो मान लिया था, पर आदतें आज भी हर रोज़ मुझे उन्हें याद दिला देती थीं।

#26

सजीव उम्मीद

कभी तुम्हें फोन करने का
साहस नहीं जुटा पाई।
और हमारी आखिरी बात से
ना ही मेरा कोई इरादा था।
फिर भी तस्वीरों में तुम्हारी
मुस्कानों को मैंने निहारा था।।

उस आदततें अनुसार
हर बार ध्यान गया है
तुम्हारी "लास्ट सीन" पर।
इस उम्मीद में कि
किसी एक दिन,
गलती से ही सही,
फोन बटन पर उंगली
फिसल जाए शायद,
सिर्फ एक बार,
संजोग से।।

और आज तक
वो उम्मीद सजीव है,
मानो वो रहस्यमय
ख्वाहिश अतीव है।।

***

हाँ... आज भी मेरे पास उनकी साथ ली हुई वो तस्वीर है। और जब-जब उनकी याद अचानक मन पर दस्तक देती है, एक अजीब-सी उदासी घिर आती है।

ऐसे में मैं वही तस्वीर खोल लेती हूँ, उसे बस देखती रहती हूँ, निहारती रहती हूँ- जैसे बिना बोले ही उनसे सारी बातें कर रही हूँ। अपनी शिकायतें भी, अपने मनुहार भी, और वो सब अनकहे शब्द भी जो कभी कह नहीं पाई।

और हैरानी की बात यह है कि उस तस्वीर में भी उनकी आँखें आज तक उतनी ही गहरी, उतनी ही जानती-सी लगती हैं... जैसे अब भी मुझसे कुछ कहना चाहती हों।

#27

उनकी तस्वीर

मुझे उसके चेहरे से नहीं,
उसकी आँखों से प्यार हुआ था...
वो मुस्कुराहट नहीं,
वो झील-सी गहराई थी,
जिनमें हर बार,
बस खुद को ढूँढ़ा था।

मैं उसकी आँखों को
इतना पढ़ चुकी थी,
कि हर बार, मेरी तलाश-
बस उन्हीं आँखों में जा ठहरती थी।

मैं उसकी आँखों को
इतना देख चुकी थी,
कि एक बार में ही
उन्हें उसके बचपन की तस्वीरों में
पहचान सकती थी।।

शायद तभी-
मुझे उसके चेहरे से नहीं,
सिर्फ़ उसकी आँखों से प्यार हुआ था।।

***

सच कहूँ तो, उन्होंने मुझे कभी कोई तोहफ़ा नहीं दिया था... न कोई गुलाब, न कोई छोटी-सी चीज़ जिसे मैं तोड़कर या फेंककर अपना गुस्सा निकाल पाती। मेरे पास बस यादें थीं और यादों को तो कोई फेंक भी नहीं सकता।

और उन्हें भूल पाना भी लगभग नामुमकिन था, जब तक आसमान में चाँद और शुक्र तारा साथ दिखाई देते रहते थे। और हर बार वही आसमान जैसे बिना बोले मुझे हमारी कहानी की याद दिला देता था, जिसे मैं चाहकर भी अपने भीतर से पूरी तरह मिटा नहीं पाती थी।

#28

आसमान में नज़र आना

तुम सामान तो नहीं कि
जो खोया और भुल गए,
तेरे कोई निशानी या
तौहफें भी कहाँ थे कि
जो राहों में फेंक कहीं खो गए।

किताबों के पन्नों में दबा
न कोई गुलाब तुम्हारा,

तुम्हारे हाथों से लिखा
न मिला कोई ख़त का सहारा।

तुम तो मानो
एक शुक्र तारा थे,
कभी सुबह का,
तो कभी शाम का।।

अब तुम सिर्फ
यादों के समान
आसमान में हर बार
कहीं न कहीं,
बस नज़र आ जाते हो।।

***

अध्याय 7:
अदृश्य शुक्र तारा
(द हिडन स्टार)

साल होने को आया है। वसंत फिर लौट आया है। चारों तरफ़ हल्के गुलाबी फूलों की चादर बिछी है, और लोगों की *स्टोरीज़* और *पोस्टस* भी इसी मौसम के रंगों से भरी पड़ी हैं।

और मैं... मुझे आज भी याद है कि हम भी पहली बार इसी वसंत में मिले थे। मौसम फिर वही है, बस इस बार उसमें "हम" नहीं हैं।।

#29

पहले प्यार का ऋण

फूल तो हर लड़की को
पसंद होते हैं ना।
उस पर, वसंत की गुलाबी
चादर का क्या कहना।

किन्तु इस वर्ष मैं पूरे वसंत,
घर के भीतर ही रही।
भला क्यों? किसलिए?
कोई खास वजह नहीं।

वजह भी क्या कहूँ कि

रोज़ याद कर-करके
भूलना है तुम्हे एक दिन,
चुकाना है पहले पहले प्यार
का मेरा खट्टा-मिट्ठा ऋण।

भला क्यों? किसलिए?
कोई खास वजह नहीं।
वजह भी क्या कहूँ कि
तुम वसंत के फूलों जैसे,
मैं पतझड़ के रूखे-सी।।

***

आज भी लगभग हर रात मैं आसमान की तरफ़ देखती हूँ, चाँद को और शुक्र तारे को ढूँढते हुए। अजीब बात है, दोनों भी जैसे अपने-अपने मूड के हिसाब से चलते हैं- कभी बिल्कुल साफ़ दिखाई दे जाते हैं, तो कभी पूरी तरह गायब हो जाते हैं।

और कई बार तो ऐसा भी होता है कि दिल को और बेचैन करने के लिए, दोनों एक ही रात साथ नज़र आ जाते हैं... जैसे आसमान अब भी मेरी अधूरी कहानी को चुपचाप दोहराता रहता हो।

#30

शाम का तारा

आज फिर आसमां में शुक्र तारे को
चांद के करीब पाया मैंने।
मुझे क्यों शामें पसंद थीं,
वो वजह आंखों पर छाया मेरे।
"शुक्र तारा"
इसी नाम से संबोधित
किया था ना मैंने।।

थी तेज चमकती छवि तुम्हारी,
मन को भाती अनोखी बातें तुम्हारी,

कुछ ढूंढती वो गहरी आंखें तुम्हारी।
एकाएक तो नहीं लगी बेखबरी तुम्हारी,
पहले भी विपरीत पर तेज थी गति तुम्हारी।
सहसा एक अरसे बाद फासले लगे,
आंखें खुली और सपनों से जगे।
मानो अधूरे ज्ञान का परिणाम था,
मेरे प्रेम को जैसे लगा लगाम था।।

एक रात, "शाम का तारा"
"सुबह का" हो गया।
"मेरा शुक्र तारा" कहीं
अंधेरे में खो गया।।

***

और पता नहीं क्यों, मेरे अंदर एक छोटी-सी ज़िद्दी उम्मीद अब भी बची हुई थी। लगता था शायद वो एक बार फिर कोशिश करेंगे- कोई कॉल आएगी, कुछ वजहें होंगी, कुछ "सॉरी" भी। मैं जानती थी कि ये उम्मीद तर्कसंगत नहीं थी, पर दिल अक्सर उसी चीज़ को पकड़े रहता है, जो शायद कभी मिलने वाली ही नहीं होती।

#31

जब तुम्हारा फोन आएगा

रोज़ रिहर्सल की है,
कि जब लंबे विराम के बाद,
इस बार तुम्हारा फोन आएगा–
तो मैं कैसे फोन उठाऊंगी...
अपने दिल की धड़कनों को
कैसे निस्तब्ध रख पाऊंगी...
क्या "हैलो" कहूँगी या मौन रह जाऊंगी?
गुस्से की आग में जलती मैं,
भला कैसे इस बार फोन रख पाऊंगी?

रोज़ रिहर्सल की है,
कि जब तुम्हारा फोन आएगा,

तो मैं कैसे फोन उठाऊंगी...
पिछली बार की तरह फिर तीसरी
काॅल तक का इन्तेज़ार फरमाऊंगी,
या दिल की तपिश में पिघलकर,
फिर से तुम्हें खुद ही फोन लगाऊंगी।।

रोज़ रिहर्सल की है,
कि जब तुम्हारा फोन आएगा,
और तुम पूछोगे हाल मेरा–
सिर्फ़ "हाँ" या "ना" में जवाब बतलाऊंगी,
और निशब्द तुम्हारी आवाज़ सुनती जाऊंगी,
या फिर बिछड़े लम्हों की नाराज़गी,
हर शब्द में तुम्हें सुनाऊंगी।
या फिर कोई अनजान बनकर,
" रॉन्ग नंबर" कह फोन रख जाऊंगी।।

यह अनकहा जज़्बातों का खेल,
या तो एक नवीन दिशा पाएगा–
या सिर्फ़ एक नामुराद अधूरी
कोशिश बनकर पुनः ठहर जाएगा।।

***

और फिर एक दिन, जब मैं अंदर से बहुत थक चुकी थी, लगभग टूट ही गई थी, तभी उनका ख़्याल आया। आधी रात को बस उनकी आवाज़ सुनने का मन हुआ, इसलिए मैंने उन्हें कॉल कर दिया। मैं कुछ बोली भी नहीं थी, और उन्होंने फ़ौरन पहचान लिया।

लेकिन उसके बाद भी वही हुआ... वह मुझे कभी सच में समझ ही नहीं पाए। मुझे सुनने की जगह, फिर अपनी ही लड़ाइयों की बातें करने लगे कि *"देयर आर हंड्रेड थिंग्स विच आई एम फाइटिंग थ्रू मायसेल्फ, विद ऑल द डिपेंडेंसीज़ एंड आंसरएबिलिटी... एवरीवन'स बैटल इज़ डिफरेंट, आई डू एक्सेप्ट... सीम्स लाइक माइन इज़ नेवर एंडिंग, एंड आई स्टिल कीप ट्राइंग—फॉर होपलेस, बट टायरलेस।"*

और मैं बस चुप रही... क्योंकि उस रात भी, मेरी बात कहीं कहे बिना ही रह गई।

#32

जंग

उसने कहा:
"सौ लड़ाइयाँ हैं मेरी-

जिनसे रोज़ खुद ही जूझता हूँ।
ज़िम्मेदारियाँ हैं, जवाबदेही है,
थक जाता हूँ... मगर रुकता नहीं।"

और मैंने सोचा:
क्या मैं भी कुछ कम लड़ती हूँ?
हर दिन, हर रात- चुपचाप
मन, सोच, शरीर- सब थकते हैं।
फर्क बस इतना है कि
तुम्हारी कहानी में मैं बस एक किरदार थी,
और तुम मेरी कहानी का एक बड़ा हिस्सा।

मैं कभी भी जंग नहीं बनना चाहती थी-
तुम्हारी ज़िंदगी में मैं बस
तुम्हारा सुकून बनना चाहती थी।
मगर अब....
माफ़ करना,
मैं अपनी कहानी अब से खुद लिखती हूँ।
अपने नियमों के साथ, अपनी राह पर।
हाँ, जंग अब भी होगी-
मगर इस बार मेरी अपनी होगी।।

***

कभी-कभी सोचती हूँ, उस रात मैं सच में गुस्से में थी या बस बहुत थक चुकी थी- पता नहीं। लेकिन उन्होंने हमेशा मेरी आवाज़ में सिर्फ़ गुस्सा ही सुना। उन्हें लगा जैसे मैं कोई लड़ाई छेड़ रही हूँ, उनकी शांति छीनने वाली, उनके यक़ीन को हिलाने वाली। जबकि सच तो यह था कि मैं लड़ ही नहीं रही थी। मैं तो बस चाहती थी कि वह थोड़ा सुनें, थोड़ा समझें...

कि मेरी शिकायतें किसी युद्ध की तरह नहीं थीं। वे तो बस उनकी कमी, उनकी चुप्पी और उस तड़प से निकली थीं, जिसे शायद मैंने खुद भी कभी पूरी तरह स्वीकार नहीं किया। लेकिन वह हर बार मेरे दर्द को लड़ाई समझते रहे, और मेरी तड़प को सिर्फ़ नाराज़गी।

#33

तड़प को लड़ाई समझते रहे

वह गुस्सा था या तड़प...
पता नहीं।
पर उसने बस पहला ही देखा–
झगड़ों की लंबी लड़ी,
मानो मैं कोई युद्ध लड़ रही हूँ।।

उसकी शांति छीनने का युद्ध,
उसके यक़ीन तोड़ने का युद्ध।

मेरा गुस्सा, मेरी नाराज़गी–
सब उसकी गैर-मौजूदगी से थी,
उसकी अनदेखी से थी।
जबकि वो गुस्सा नहीं,
ज़्यादा मेरी तड़प थी।

मेरी शिक़ायतें,
मेरे झगड़े
कभी युद्ध थे ही नहीं,
पर उसने उन्हें भी मान लिया
उसकी शांति छीनने का युद्ध,
उसके यक़ीन तोड़ने का युद्ध।।

***

अध्याय 8:

यादों में बसा शुक्र तारा

मैंने सुना है कि लड़कों को "*सॉरी*", "*थैंक यू*" और "*आई लव यू*" कहना थोड़ा मुश्किल लगता है। वे अक्सर कहते हैं कि शब्दों से ज़्यादा उनके लिए *एक्शन* मायने रखते हैं। शायद इसी वजह से मुझे आज भी वो पल इतनी साफ़ तरह याद है, जब सड़क पर चलते-चलते उन्होंने अचानक "आई लव यू" कह दिया था। उस वक्त मैं हैरान भी हुई थी और भीतर से बेहद खुश भी।

लेकिन अब, जब सब पीछे छूट चुका है, एक सवाल मन में बार-बार उठता है- क्या उन्होंने सच में वो कहा था, या वो बस उस पल का एक एहसास था? शायद मेरे लिए वो बहुत गहरा था...

और उनके लिए, पता नहीं।

#34
ठहरी हुई साँझ

रोड पर चलते-चलते,
बातों के बीच
एक विराम लेकर
मेरी ओर देखकर

बस इतना कह देना-
*"**भानु,** आई लव यू..."*
क्या वाक़ई इतना आसान था?
या उतना ही... कठिन?

कहूँ तो-
वो तो हमारी आख़िरी
मुलाक़ात ही होने वाली थी ना।
दो शहरों में बँटने वाले थे हम,
और मुझसे जो बिछड़ा कोई,
वो फिर कभी कहाँ मिला है।।

ये इतिहास था मेरा-
और एक संभावित भविष्य...
जो हमारा हो सकता था।

तो अब क्या समझूँ?
क्या वो पल कहना
इतना आसान था,
या उतना ही असंभव?

***

और अब, जब उनके बिना दूसरी वसंत आ चुकी है, तब मैं खुद ही यहाँ मौजूद नहीं थी। समझ नहीं पाती कि इसे अच्छा मानूँ या नहीं, लेकिन जब मैं इस शहर वापस लौटी, तब तक वसंत जा चुकी थी।

जैसे मौसम भी मेरे इंतज़ार में नहीं ठहरा... और शायद वह भी नहीं।

#35

वसंत का जाना

इस बार भी जब अपने शहर आई,
तब तक वसंत जा चुकी थी...
गुलाबी चादर भी एक बार बिछकर,
हवा में मानो विलीन हो चुकी थी।
और शायद उसी के ग़म में ही,
बरसात भी एक बार जी भर
शोक कर, बरस चुकी थी।

पर वसंत ही क्यों?
क्योंकि
उन्हीं गुलाबी हवाओं में

एक मुलाक़ात लिखी थी।
फूलों की शर्माती हँसी से
वो पहली बरसात जगी थी।

आसमान तो दोनों ही
मौसमों में मुस्काया था,
एक में थी ख़ुशबू सी प्यास,
दूसरे में हरीयाली का आवास।
फिर भारी बादलों से मिली राहत,
इंद्रधनुष सी रंगीन चाहत।।

मगर... इस बार भी
जब मैं अपने शहर आई,
तब तक वसंत जा चुकी थी।
गुलाबी चादर एक बार फिर बिछकर
हवाओं में कहीं विलीन हो चुकी थी।
और शायद, उसी के याद में
बरसात भी एक बार
जी भर शोक कर,
बरस चुकी थी।।

***

और फिर यूँ ही छह महीने और बीत गए– एकतरफ़ा इंतज़ार में, उस ख़ामोश उम्मीद को पकड़े हुए। अजीब बात है, हमारे शहर एक-दूसरे से इतने दूर भी नहीं थे, रास्ते भी मुश्किल नहीं थे... बस वह ही नहीं आए।

और हाँ, मुझे आज भी उनका वो छोटा-सा वादा याद है– फिर से मिलने का। शायद उनकी ज़िंदगी में वो बात कहीं खो गई, लेकिन मेरी दुनिया में आज भी अधूरी पड़ी है।

#36

तुम्हारे शहर

काफ़ी गहरी सोच में हूँ आज...
सोच रही हूँ,
जो तुम्हारी वो अधूरी मुलाक़ात थी–
जो जैसे मानो उधार सी थी...
क्या उसकी पहल कर मैं ही
सारा बकाया चुका दूँ?

जो भी बची-खुची बातें थी,
भावों का मूलधन और
यादों का बढ़ता हुआ ब्याज–

क्या एक बार में ही,
हमेशा के लिए सब समेट दूँ?

ताकि फिर न कोई मलाल रहे,
कि कोई मुलाक़ात भी उधार थी।
न कोई याद बार-बार खलती रहेगी,
न कोई बढ़ता हुआ ब्याज परेशान करेगा,
न ही उस मुलाक़ात का अधूरापन।।

बोलो–
क्या कर दूँ हमारा हिसाब बराबर?
माफ़ कर दूँ वो पुराना ब्याज?
चुका दूँ तुम्हारी अधूरी उधारी...?
और आ जाऊँ तुम्हारे शहर,
बस तुम्हारा एक वादा निभाने,
वो एक अंतिम मुलाक़ात पूर्ण कराने?

***

तो फिर बहुत हिम्मत जुटाकर मैंने आखिरकार उनसे मिलने का एक प्लान बना ही लिया। इतने दिनों से जो बात दिल में उलझी हुई थी, आज कम-से-कम अपनी तरफ़ से उसे सुलझाने की कोशिश की। अब बस ज़िम्मेदारी उनकी है– मेरे लिए थोड़ा-सा वक़्त निकालने की।

लेकिन दिल में एक सवाल अब भी चुपचाप ठहरा हुआ है... क्या इस बार वह सच में आएँगे, या ये भी बाकी वादों की तरह अधूरा रह जाएगा?

#37

अधूरी-सी मुलाक़ात

मैंने ही कहा था कभी कि-
"अब न देखोगे तुम, न सुनोगे मुझे..."
और अब मैं नहीं जानती कि क्या
अपने ही कहे से मुकर जाना सही है,
पर दिल अब भी यही कहता है कि
एक मुलाक़ात अधूरी-सी बाकी है।

तो बस, यूँ ही कह रही हूँ कि
मैं अगले महीने आ रही हूँ

तुम्हारे शहर, कुछ काम से सही।
शायद सांझ के कुछ क्षण हों मेरे पास,
किसी चौराहे, किसी गली,
या किसी व्यस्त बाज़ार में कहीं।

अगर तुम्हें लगे सही तो आ जाना,
पर संग इस बार
थोड़ा वक़्त लेते आना...
और अगर जाना भी पड़े,
तो पहले मुझे जाने देना–
बिना पलटकर देखे।
ताकि कोई अधूरी विदाई
फिर से मन में न रहे कहीं।

तुम्हारे पास है सोचने का समय,
मैं किसी जल्दबाज़ी में नहीं।
पर अगर उत्तर में सिर्फ़ ख़ामोशी मिली,
तो मैं समझ जाऊँगी कि
अब उस मुलाक़ात की ज़रूरत
शायद अब किसी को रही नहीं।।

***

अध्याय 9:
टूटता शुक्र तारा
(द फॉलिंग स्टार)

कभी-कभी मुझे सच में ऐसा लगता है, जैसे ऊपरवाला ही नहीं चाहता था कि हम दोनों सच में मिल पाएँ। हर बार कुछ न कुछ हमें रोक ही लेता था। जब उन्होंने मिलने की कोशिश की, तब वह कहीं और उलझ गए... और जब मैंने हिम्मत करके कोशिश की, तब मैं ही नहीं पहुँच पाई। जैसे हमारी *"लास्ट मीटिंग थ्योरी"* हर बार सच हो जाती हो– हम दोनों कोशिश तो करते रहे, पर कभी एक ही वक़्त पर, एक ही जगह तक पहुँच ही नहीं पाए। शायद इसी वजह से हमारी हर मुलाक़ात पूरी होकर भी कहीं न कहीं अधूरी ही रह गई।

#38

अदृश्य ताले

कई बार वक़्त गुज़ारे तुम्हारे
वादों के मौसम गिनते-गिनते...
कभी अगस्त, कभी अक्तूबर,
फिर जनवरी की ठंडी आहट के बाद
फ़रवरी का छोटा-सा भरोसा।

और उलटी गिनती की साँसों-सी–
दस, नौ, आठ, साथ...

पर
हर बार वादा अधूरा ही ठहर गया।

अब की बार सोचा–
मैं ख़ुद दस्तक दूँगी,
तेरे शहर आकर कहूँगी–
"चलो मिलते हैं..."
पर किस्मत ने फिर वही दोहराया।।

कभी-कभी लगता है, जैसे
ब्रह्मांड ने हमारे रास्तों पर
अदृश्य ताले जड़ दिए हों।
और शायद अब वक्त है
उन ताले को तोड़ने की जगह
उनके रहस्य का सम्मान करना।।

क्योंकि मोहब्बत सिर्फ़ मिलना नहीं,
कभी-कभी छोड़ देना भी होता है।।

***

जब इस बार मैंने पहल की थी–उनके शहर जाकर उनसे मिलने की–तो उन्हें एक महीने पहले ही बता दिया था। लेकिन फिर अचानक, मुलाक़ात से एक हफ़्ता पहले ही मेरा प्लान बदल गया, और मुझे वो मुलाक़ात रद्द करनी पड़ी।

कुछ ऐसा ही कभी उनके साथ भी हुआ था। उन्होंने भी पंद्रह दिन पहले मिलने की बात कही थी, और फिर सातवें दिन आकर प्लान रद्द होने की खबर दे दी थी।

शायद किसी को यह सब एक बदले जैसा लगे... पर सच तो यह है कि मैं बदला ले ही नहीं सकती थी। क्योंकि उनसे मिलने की तड़प मुझमें शायद उनसे भी ज़्यादा थी।

#39
प्रतिशोध

लगा हो तुम्हें कि मैंने
प्रतिशोध के भाव से यह किया–
पर मेरे अंतर में न तो द्वेष की आँच है,
न ही प्रतिहिंसा की परछाई।

हाँ, क्रोध की लहरों में बहकर

शब्दों का सैलाब फूट पड़ता है,
पर वे शब्द भी–
तेरी छवि को चोट पहुँचाने नहीं,
बस मेरे भीतर की आग को
हल्का करने के लिए बहते हैं।

तेरे लिए बुरा चाहना
मेरे स्वभाव है ही नहीं,
क्योंकि बदला–वह तो
मैं नियति पर छोड़ देती हूँ।

प्रतिशोध लेने जितनी
चतुराई नहीं है मुझमें।
मैं तो बस भूलकर आगे
बढ़ने की कोशिश करती हूँ।।

***

प्लान तो बदल गया था... पर उनके शहर से फिर भी गुज़रना था - एक बार नहीं, दो बार। और दोनों बार अँधेरे में। मानो कोई चोरी कर रही हूँ, किसी से छिपती हुई, किसी से बचती हुई... जैसे अपने ही एहसासों की अपराधी बन गई हूँ।

उनके शहर में कदम रखते ही दिल की धड़कनें कुछ ज़्यादा ही तेज़ हो जाती थीं, और चेहरे पर एक अजीब-सी उदासी उतर आती थी- इतनी साफ़ कि दोस्तों को भी महसूस होने लगी थी।

#40

अपराधिनी

देखो किस प्रकार
तेरे नगर की गलियों से
अँधेरों में ढँककर
निर्वाक गुज़र रही हूँ मैं–
मानो तेरी गलती के बोझ तले,
इस नगर के अस्तित्व से
विरक्ति पाती जा रही हूँ मैं।

और देखो आज–
बिना अपराध किए भी
दोषिणी ठहराई गई हूँ मैं।
तेरे निर्णयों की बेड़ियों में बँधकर
अपने ही निष्कलुष हृदय का
विलाप गा रही हूँ मैं।

न्याय की तराजू भी
तेरी ओर झुक गई है जैसे,
और निर्दोष होकर भी
अपराधिनी कहलाती जा रही हूँ मैं।।

***

और आजकल इस तरफ़ आसमान वैसा साफ़ मिलता ही नहीं, जैसा पहले मिला करता था। चाँद को छोड़कर एक भी तारा नज़र नहीं आता। लेकिन आज अचानक एक नया तारा दिखा– चाँद के बिल्कुल क़रीब। और उसी पल दिल में वही पुराना डर फिर लौट आया... वही संकोच, वही आधा-सा भरोसा और आधी-सी उलझन।

अजीब है ना, कुछ एहसास कितनी आसानी से लौट आते हैं – बस एक तारे, एक मौसम, या एक याद के बहाने। जैसे दिल ने उन्हें कभी सच में जाने ही नहीं दिया हो।

शायद इसी का नाम अर्धविराम-सा प्रेम है– जो पूरा भी नहीं होता, और कभी पूरी तरह खत्म भी नहीं होता... बस कहीं बीच में रुककर, चुपचाप साँस लेता रहता है।

#41

अर्धविराम-सा प्रेम

ऐ तारे, इक दरख़्वास्त है तुमसे-
इस बार तुम चाँद के क़रीब न जाना...
फिर वही अर्धविराम-सा प्रेम न जगाना,
जहाँ तुम्हारी ओर से पूर्णविराम का ठिकाना,

और वो अधूरा अर्धविराम मुझे थमाना।

ना पहले की बात मुकम्मल हुई,
ना बाद की कोई बात चल पाई...
साथ होकर भी साथ नहीं–
अब पहले वाली बात नहीं।
मैं अब उस प्रेम को अकेले,
अंजाम तक नहीं ले जा पाऊँगी।।

इसलिए, एक विनती है तुमसे-
इस बार तुम चाँद की राह पर मत जाना...
फिर वही अर्धविराम-सा प्रेम न जगाना।।

***

आज यूँ ही मेरी पहली प्रेम कहानी को तीन साल बीत गए। वह हमारे रिश्ते से बहुत आगे बढ़ चुके हैं... और मैं शायद अब भी कहीं वहीं ठहरी हुई हूँ। आज आसमान को देखते-देखते अचानक याद आया कि टूटे तारे भी तो होते हैं।

उन्हें कोई संभालकर कहाँ रखता है? वहाँ तो अलविदा भी नहीं कहा जाता– बस चुपचाप एक ख़्वाहिश माँग ली जाती है।

शायद इसलिए आज दिल ने पहली बार बहुत धीरे से कहा कि अगर वो रिश्ता भी एक टूटे तारे जैसा ही था, तो शायद मुझे भी उससे कोई विदा नहीं चाहिए। मुझे तो बस एक आख़िरी ख़्वाहिश माँगनी है– अपने लिए, अपने दिल के लिए...

#42

टूटते तारे से ख़्वाहिश

आज एक सच्चाई से वाक़िफ़ हुई,
कि तारे भी टूटते हैं।
तो क्या उस शुक्र तारे को,
अब टूटा हुआ मान लूं?

क्या थोड़ा सा ख़ुदगर्ज़ होकर,
उसी टूटते तारे से, मैं अपनी
एक ख़्वाहिश भी मांग लूं?

मांग लूं – मेरा तारा,
जो बस मेरा हो,
सिर्फ़ मेरा...
और वैसा ही रहे।

ना कभी टूटे,
ना कभी बिछड़े,
ना आकाश में खोए,
ना किसी और की दुआ बने।

बस... मेरा ही बनकर रहे,
जिसे मैं अपना कह सकूँ,
कह सकूँ "मेरा तारा"।।

***

एक रात कुछ ऐसा हुआ कि उन्हें फ़ोन करने की तीव्र इच्छा हुई – सब कुछ बता देने की, रोकर मन हल्का कर लेने की। पर वह अब मुझसे बहुत दूर जा चुके थे, इसलिए दिल की वह घबराहट भी मुझे अकेले ही संभालनी पड़ी। उस पल बस उनकी गरमाहट और एक बार गले लग जाने की कमी सबसे ज़्यादा महसूस हुई।

#43

डर-सी गई हूँ

अब मैं भर-सी गई हूँ,
काफ़ी खो दिया है
पहले ही ख़ुद को,
अब पूरा खोने से
डर-सी गई हूँ।।

अब सब तुझ पर है,
तू समझ जाए तो
जी बहार-सी गई हो...
तू गले लगा ले तो समझूँ
तर-सी गई रूह।

***

फिर उस दिन के बाद सोचा कि उस रात को भी भूल जाऊँ और उन्हें भी। फिर भी, शायद कुछ यादें पूरी तरह भुलाई नहीं जातीं – बस धीरे-धीरे एक सबक बन जाती हैं।

#44

भूल रही हूँ

भूल रही हूँ यादों को
मैं भूल रही हूँ वादों को
ऐसी भी क्या बात हुई
जो मैं भूल रही हूँ रातों को।।

तेरी आदत थी इन हाथों को
मेरी दिल की उन चाहतों को
ऐसी भी क्या बात हुई,
जो मैं भूल रही हूँ रातों को।।

चेहरे की उस नादानी को
आँखों के गेहरे पानी को
ऐसी भी क्या बात हुई
जो मैं भूल रही हूँ रातों को।।
जो मैं भूल गई उन रातों को।।

***

अध्याय 10:
सूनी शामें और सूनी सुबहें
(द लोनली स्काई)

हर बीतते दिन के साथ मैंने खुद को उनके बिना संभालना सीख लिया है। नए दोस्त बनाती रहती हूँ, उनसे लड़ाई हो जाए तो अब शुक्र तारे को याद करना छोड़ दिया है– और रूठे लोगों को मनाना भी।

पर हाँ, यह भी नहीं जुठलाऊँगी कि कभी-कभी शुक्र तारा अब भी याद आ जाता है... बस अच्छी यादों की तरह। जैसे मेरे किसी नादान मज़ाक पर उनका खिलखिलाकर हँसना, या मेरी नादानियों पर भी उनका शांत रहना, जबकि बाकी लोग गुस्सा हो जाते थे।

शायद अब मैं बस इतना ही कर पाई हूँ– उन्हें भूलने की कोशिश छोड़कर, अपनी खुशहाल यादों के एक खूबसूरत अध्याय में रहने देना।

#45

भूलाने की कोशिश

अचानक एहसास हुआ कि
अब तुम्हारे होने या न होने से
कोई फ़र्क ही नहीं पड़ता।
तो फिर तुम्हें भूलाने में
इतनी मेहनत क्यों करूँ?

वो लंबे इंतज़ार,
वो अधूरी मुलाक़ात,
वो अनकहे वादे,
जिन्हें पूरा करने का
अब मेरा कोई इरादा ही नहीं है।।

अब स्पष्ट है–
अगर सामने भी आ जाओ,
तो बस चुपचाप आगे निकल जाना है,
जानकर भी अनजान बन जाना है।

हाँ...अब तुम्हारे होने या न होने से
कोई फ़र्क नहीं पड़ता,
तो तुम्हें भूलाने में
इतनी मेहनत क्यों करूँ।।

***

अब कोशिश है कि सब यहीं रोक दूँ। न कोई शिकायत दर्ज होगी, न कोई गिले-शिकवे बाकी रखे जाएँगे। कोशिश यही रहेगी कि अब शब्दों में भी उनका ज़िक्र न आए... इस कलम को भी उस एक नाम पर रुकना होगा।

और देखो ना, उन्होंने मुझे कभी कोई तोहफ़ा नहीं दिया जिसे मैं संभालकर रखती या गुस्से में फेंक देती। **पर मैंने ही उनके लिए कुछ चीज़ें संभाल ली थीं, जिन्हें कभी दे ही नहीं पाई।** अब लगता है, वही अनकहे तोहफ़े सबसे ज़्यादा भारी हो गए हैं... शायद इसलिए, क्योंकि उनमें मैंने यादें बो दी थीं।

#46

इक कमीज़

मेरी खरीददारी की आदत
जो अपनों पर लुट जाती है,
जैसे हर थैले में चाह छुपी,
रिश्तों को सजाती है।

इसी जुनून में कभी उसके लिए
भी इक कमीज़ ले आई थी,
मानो ख़्वाबों की सिलवटों पर

उसकी तस्वीर कढ़ाई थी।

सोचा था मिलने पर उपहार दूँगी,
उसकी हथेली पर रख,
उसकी मुस्कान पर वार दूँगी।
अफ़सोस वो पल कभी आया नहीं।

अब कभी-कभी मैं ख़ुद ही
ओढ़ लेती हूँ वो कमीज़,
जैसे तन पर नहीं, मन पर
उतरती हो उसकी भीनी तमीज।

उसमें उसकी महक तो नहीं,
पर हमारी यादों की ख़ुशबू है।।
आँखें मूँद लूँ तो लगता है,
वो यहीं कहीं, मेरे रू-ब-रू है।

अब भी वो कमीज़ मेरी है, पर
मानो उसमें उसका नाम धड़कता हो,
और मैंने उसे ऐसे ओढ़ा हो जैसे
उसको अपने मन के पास थाम रखा हो।।

***

अब भी ताज़ा है कि उनसे मुलाक़ात वसंत ऋतु में हुई थी– गुलाबी फूलों की चादर के बीच, बिल्कुल एक नई शुरुआत की तरह। और जब उनके जाने का वक़्त आया, तब पतझड़ दस्तक दे रहा था, जैसे हर रंग धीरे-धीरे झरने को तैयार हो। हमारी पूरी कहानी शायद इन्हीं चार ऋतुओं में सिमट गई थी।

आज भी हर साल मौसम बदलते हैं, और उनके साथ वही यादें भी लौट आती हैं– वही शुरुआत, वही इंतज़ार, वही बिछड़ना। शायद कुछ कहानियाँ कभी पूरी तरह खत्म नहीं होतीं, वे बस ऋतुओं की तरह बार-बार लौटती रहती हैं।

#47

चार ऋतुएें

वो अंतराल, जब तुम साथ थे मेरे,
चार ऋतुओं में उसे सिमटा पाया-

"तुमसे मिलन",
जहाँ फूलों की भीनी ख़ुशबू थी।

"तुम्हारे संग",
जहाँ वक़्त ठहर-सा गया था।

"तुमसे विदा",
जहाँ आँखें अलविदा न कह सकी।

और
"तुम्हारे बिना",
जहाँ मैं खुदको अकेली खड़ी मिली।

और जब-जब ये ॠतुएँ फिर लौटती हैं,
तब-तब तुम्हारी ही कमी महसूस होती है।
और हर ॠतु तुम्हें ही याद करती है।।

***

आज भी ताजा हैं उनके सवाल और अनकहे मेरे जवाब।।

कभी-कभी मज़ाक में पूछी गई बातें भी सीधे दिल पर लग जाती हैं, और वही हल्के-से सवाल धीरे-धीरे सच्चाई का आईना बन जाते हैं। फिर एक वक़्त ऐसा आता है जब आपके भरोसे और आपकी सच्चाई को ही कटघरे में खड़ा कर दिया जाता है। जबकि सच तो यह होता है कि बदलाव आपने नहीं किया होता– वो ही पहले व्यस्त हुए, पहले दूर गए, और पहले आगे बढ़े। उनका प्यार पहले धुंधला पड़ा, उनकी प्राथमिकताएँ पहले बदलीं... फिर भी सवाल हमेशा आपसे ही किए गए।

#48
तुम्हारें चुभते सवाल

कभी-कभी मन करता है,
तुम्हें चीख-चीख कर सब कह दूँ,
कि कैसे मेरा दिल टूटकर बिखरा है,
कैसे वो दर्द से कर्रा रहा है।।

तुम्हें कहना चाहता है
कि गलती मेरी नहीं थी,

दूरी मैंने नहीं चुनी थी,
तुम ही थे जो पीछे हटे थे,
मुझ पर अनगिनत सवाल उठाए थे।।

और उन सवालों का जवाब देना
मुझे आज भी सही नहीं लगता,
क्योंकि वो सवाल आने ही नहीं थे,
और यूं तो बिल्कुल भी नहीं।

कभी-कभी मन करता है,
तुम्हें चीख-चीख कर सब कह दूँ,
उन सवालों का जवाब देकर
ख़ुद कहीं भाग जाऊँ बहुत दूर।।

क्योंकि तुमसे दूर होते-होते
मैं ख़ुद से भी दूर हो ही गई हूँ।
अब तो लोगों से भी दूर जाना चाहती हूँ,
जो कभी-कभी बस तुम्हारी छवि दर्शातें हैं।।

***

चार ऋतुओं में ही क्यों उन्हें याद करूँ? वो तो हर बदलते मौसम के साथ, हर छोटे-बड़े त्योहार पर भी याद आ जाते हैं। जब सबके बीच हँसी और रौनक होती है, तब भी दिल के किसी कोने में उनकी कमी चुपचाप महसूस होती रहती है– जैसे हर खुशी में उनका एक हिस्सा हमेशा अधूरा रह गया हो।

#49

रंग नहीं उतरा

अब भी याद है मुझे,
पहली बार मैं तुमसे कैसे मिली थी।
मैं तो जैसे "गीत" की तरह,
बोलती ही चली जा रही थी।

मैंने ये भी बता दिया था
कि कल होली कैसे खेली थी,
और तुमने गालों की ओर
इशारा कर, मुस्कुराकर कहा था–
"हाँ, दिख रहा है... रंग अब भी है।"

और मैं सचमुच
अपने गाल रगड़ने लगी थी
कि कहीं रंग रह तो नहीं गया।
काफ़ी दिनों बाद समझ आया,
तुम तो मेरी चुटकी ले रहे थे।।

पर जो भी था- रंग था भी
या उस पल की कोई शरारत,
यादों की वो बारीकियाँ
आज भी उतनी ही ताज़ा हैं।

रंग तो आज भी नहीं उतरा,
और लगता है जैसे कल ही
फिर तुम मुझसे मिलने आओगे।।

***

आज भी मुझे याद है, आपकी आँखें मुझे जिस तरह देखा करती थीं– इतनी गहरी, इतनी नर्म। और हर बार कुछ भी खाने से पहले पहला कौर मुझे देना... वो छोटी-सी आदत भी। दिल सच में चाहता था कि आपसे एक बार फिर मिलूँ, बस एक दिन के लिए ही सही। मैंने तो वो *प्लेलिस्ट* भी संभालकर रखी थी, आपके साथ नाचने के लिए, और वो सारी बातें भी याद थीं जो आपने कहा था कि मेरे लिए करेंगे। पर अब वो सब बस एक अधूरा-सा सपना बनकर रह गया है।

#50

ख़ूबसूरत सा ख़्वाब

बेइंतिहा ख़ूबसूरत सा
ख़्वाब था एक,
जिसमें तुम मेरे नाम की धुन छेड़ते,
गिटार की हर तान में मुझे ही चुनते।।

देखा था तुम्हे-
मेरे लिए रसोई में
कुछ ख़ास रचते,
ख़ुद से पहले पहला

कौर मुझे खिलाते...

कुछ ख़्वाब ऐसे भी थे,
हथेलियों में हथेलियाँ डाल
बेख़याली में थिरकते,
तुम्हारे कंधे पर सिर रख
मेरी सारी बातें मद्धम
सुकून बन सिमटते।।

तुम्हारी हँसी मेरी
हर शरारती जुमले पर,
और मेरी बाँहों में मानो तुम्हारी
हर उलझन का ख़ामोशी से पिघलते।।

तेरा-मेरा
बस एक दिन ही सही,
मिलने का एक मुकम्मल-सा,
बेइंतिहा ख़ूबसूरत सा
वो ख़्वाब था एक।।

***

तो अब, जब कहानी सच में अपने अंत तक पहुँच गई है, हमारी पूरी कहानी बस शुरुआत के उस पहले दिन से लेकर आख़िरी दिन तक ही सिमटकर रह गई है। बीच के सारे लम्हे, सारी बातें और सारी उम्मीदें जैसे धीरे-धीरे धुंध में खो गईं... और अब जो बचा है, वो बस एक शुरुआत और एक अंत की याद है।

#51

आधा पाकर आधा खोया

पहली मुलाक़ात को मानो
दोहराते पाई थी मैं,
वही कुर्ती पहन,
वही जगह लौट आई थी मैं।

मौसम नया नहीं था,
महक भी वही पुरानी ही थीं,
पर बातों-बातों में
एक पल को भर आई थी मैं।

संग चलते-चलते कुछ
अतिरिक्त पल समेटती रही,

और तुम... इज़हार कर बैठे!!
परिस्थिती पर हंसता पाया,
आख़िर-आख़िरी मुलाक़ात पर
कौन भला इज़हार करता आया?

हाँ, तुम्हारे मुड़कर जाने के बाद भी
खुद को कई बार पलटते पाई थी मैं।
सच, तुम्हारे उस अलविदा पर
काफी दूर चुपचाप रोई थी मैं।
मानो तुम्हें आधा पाकर,
ख़ुद को आधा खोई थी मैं।।

***

और अंत में...

उनके लिए

"

तुमने रूह को ऐसा छुआ
कि फिर किसी और का
स्पर्श तक
उससे सहा नहीं।।

"

www.ingramcontent.com/pod-product-compliance
Lightning Source LLC
LaVergne TN
LVHW090419210926
848480LV00002B/627
9798905104701